W0308557

L'ANY 1982

Què va passar. Com anaven vestits.
Què valien les coses. Quins descobriments es van fer.
Com eren els anuncis. Quins personatges hi havia
i més curiositats del teu any.

acv edicions

La col·lecció **"L'any que tu vas néixer"** va incorporant noves informacions, imatges i dades per ampliar el seu contingut en properes reedicions. S'agrairà qualsevol aportació, que serà considerada per ser-hi inclosa.
Podeu adreçar les vostres aportacions a:
ACV edicions
Pg. de Gràcia, 24, pral. 08007 Barcelona.
Tel. 93 304 29 80 Fax 93 304 29 81
e-mail: info@acvglobal.com www.acvglobal.com

Els anuncis són també una referència en el temps. Agraïm especialment a les empreses d'important presència des de fa molts anys en el nostre entorn, per haver-nos facilitat la reproducció dels seus anuncis de cada època.

Reservats tots els drets.
Cap part d'aquesta publicació, inclòs el disseny de la coberta, no pot ser reproduïda, emmagatzemada o transmesa de cap manera ni per cap mitjà, ja sigui elèctric, químic, mecànic, òptic, de gravació o de xerocòpia, sense permís previ d'ACV, Afers de Comunicació Visual, SA.

Col·lecció **"L'any que tu vas néixer"**
(aquesta col·lecció comprèn 70 anys: des del 1920 al 1989)
© ACV, Afers de Comunicació Visual, SA
Pg. de Gràcia, 24, pral. 08007 Barcelona

Direcció del projecte: Rosa Collado
Concepció, documentació i disseny gràfic: ACV

1a edició: 1998
2a edició: 2000
3a edició: 2002

L'any 1982
ISBN: 84-89589-45-3
Dipòsit legal: B-30.620-2002
Imprès en paper ecològic

Índex

1982

ACCIDENT D'AVIACIÓ A WASHINGTON

14 de gener

Tragèdia aèria amb un balanç de 78 morts en estavellar-se sobre els ponts del riu Potomac, a la ciutat nord-americana de Washington, un Boeing 737. L'avió esclafa uns quants cotxes i cau al riu gelat, la qual cosa difulta les tasques de rescat dels supervivents.

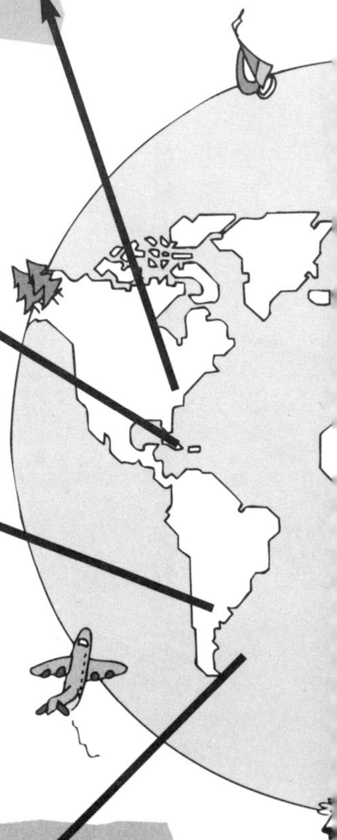

SUÏCIDI DEL PRESIDENT DOMINICÀ

4 de juliol

Se suïcida en el seu despatx el president de Santo Domingo, Silvestre Antonio Guzmán, que havia guanyat les eleccions un mes abans.

DEMOCRÀCIA PER A ARGENTINA

22 de juny

Arriba la democràcia després de la caiguda del règim militar. El general Bignone assumeix la presidència del Govern, que preveu entregar el poder als civils abans d'abril de 1984.

GUERRA PER LA SOBIRANIA DE LES ILLES MALVINES

2 d'abril

Argentina ocupa les illes Malvines amb 12.000 soldats. El Govern conservador britànic de Margaret Thatcher contraataca amb la seva poderosa força naval i acaba amb la invasió argentina el 15 de maig.

MÓN

1982

MINISTRES ACUSATS A ALEMANYA

25 de febrer

El fiscal general de l'Estat investiga els ministres federals d'Hisenda i d'Economia, i el secretari de la Cancelleria, per l'acceptació indeguda de quantioses sumes de diners.

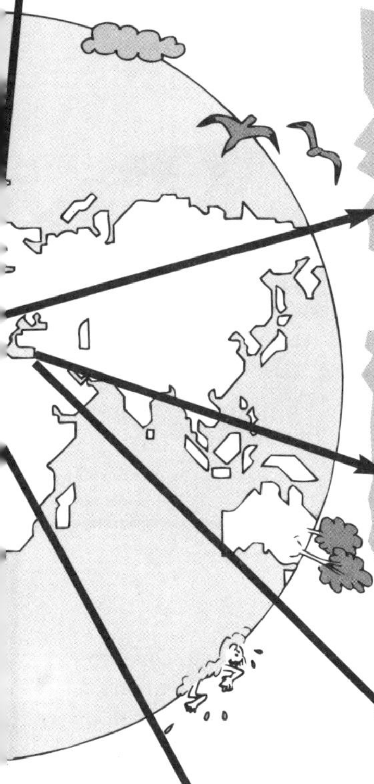

INTENT D'ATEMPTAT CONTRA EL PAPA A PORTUGAL

4 de maig

Un capellà d'extrema dreta, Juan Fernández Krohn, intenta agredir amb un ganivet el Papa Joan Pau II durant un acte multitudinari que se celebra a Fàtima. El servei de seguretat del pontífex aconsegueix evitar l'atemptat.

TRACTAT DE PAU ENTRE ISRAEL I EGIPTE

25 d'abril

Després de 15 anys d'ocupació israeliana, la península del Sinaí torna a ser territori egipci en aplicar-se el tractat de pau signat el 1978 per Tel-Aviv i el Caire. Aquesta és l'última etapa de l'evacuació.

ISRAEL ENVAEIX EL LÍBAN

6 de juny

El Consell de Seguretat de l' ONU es reuneix d'urgència per demanar – sense èxit – la retirada immediata i incondicional de les tropes israelianes.

ACCIÓ DE GREENPEACE A ESPANYA

14 de gener

L'organització ecologista Greenpeace impedeix que s'aboqui a les costes atlàntiques espanyoles un carregament de 3.000 tones de residus atòmics.

NOTÍCIES 1982

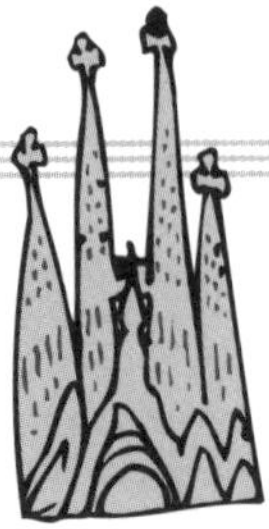

Inaugurada la nova Porta de la Passió al temple de la Sagrada Família, a Barcelona.

PRIMERA VISITA DEL PAPA A ESPANYA

31 d'octubre
El papa Joan Pau II inicia la primera visita a Espanya com a Summe Pontífex. En arribar, se li atorga una benvinguda calorosa i multitudinària. El clamor popular l'acompanyarà durant tota la seva estada.

JUDICI PER L'ASSALT AL BANC CENTRAL

23 d'octubre
Es condemna a 45 segles de presó els assaltants del Banc Central de Barcelona, fet que es va produir el 24 de maig de 1981.

Pasqual Maragall substitueix Narcís Serra a l'alcaldia de Barcelona.

•

Josep A. Duran Lleida, nou líder d'Unió Democràtica de Catalunya.

TRAGÈDIA AÈRIA

13 de septiembre
Tragèdia aèria a l'aeroport de Màlaga. Un avió DC-10 de la companyia Spantax pateix un greu accident quan estava a punt d'enlairar-se cap a Nova York. El balanç és de 46 persones mortes i 31 de desaparegudes.

MANIFESTACIÓ CONTRA LA LLOHPA

14 de març
A Barcelona, 100.000 persones es manisfesten contra la Llei Orgànica d'Harmonització del Procés Autonòmic (1982).

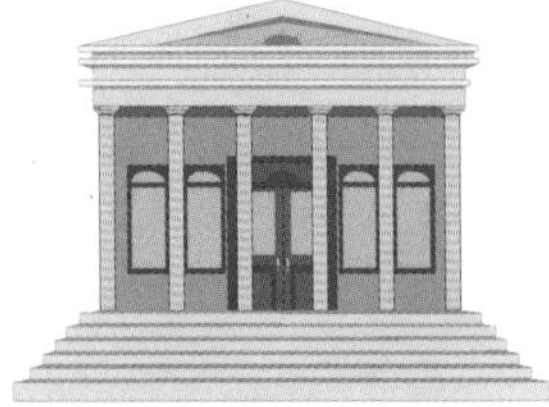

FELIPE, PRESIDENT

El Partit Socialista Obrer Espanyol (PSOE) triomfa en les eleccions generals amb una aclaparadora majoria absoluta. El seu secretari general, Felipe González, és investit president del Govern.

MINISTRES CATALANS AL GOVERN

El primer Govern de Felipe González inclou dos ministres catalans: Narcís Serra, a Defensa, i Ernest Lluch, a Sanitat i Consum.

El Govern aprova la jornada laboral de 40 hores setmanals.

TEJERO A LA PRESÓ

La sentència del 23-F expulsa de l'exèrcit i condemna a 30 anys de presó el tinent coronel Antonio Tejero i el general Milans del Bosch, braç executor i artífex, respectivament, de l'intent de cop d'estat perpetrat el febrer de 1981.

CREACIÓ D'UN NOU PARTIT POLÍTIC

L'expresident del Govern, Adolfo Suárez, funda el partit Centre Democràtic i Social (CDS).

La Generalitat llança la campanya "El català és cosa de tots"

COTXE DE L'ANY

Renault 5

DIMISSIÓ DE SANTIAGO CARRILLO

6 de novembre

Carrillo dimiteix com a secretari general del Partit Comunista d'Espanya després de 22 anys en el càrrec.

ESPANYA 82

13 de juny
Barcelona acull la cerimònia inaugural del Mundial de futbol Espanya'82 (*Naranjito* és el nom de la mascota oficial). Itàlia derrota Alemanya Occidental per 3-1 en la final.

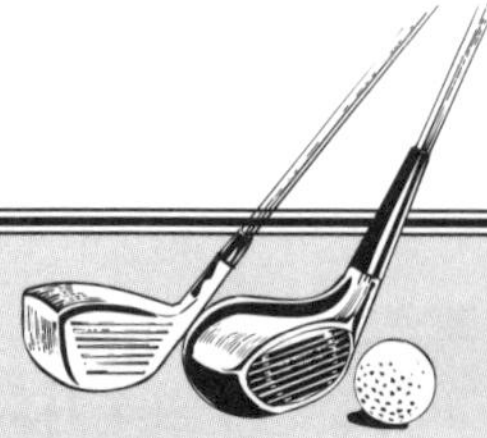

GOLF

9 de maig
L'espanyol Severiano Ballesteros és el guanyador de l'Open de França de golf.

•

6 de desembre
Espanya guanya la Copa del Món de golf amb Cañizares i Piñero.

JOSEP MARÍN, MEDALLA D'OR D'ATLETISME

7 de setembre
Josep Marín obté la medalla d'or en la prova de 20 km marxa en els Mundials d'atletisme d'Atenes i, al cap de tres dies, la de plata en la distància de 50 km.

LA FIFA, QÜESTIONADA

16 de gener
Més de 500 milions de persones van veure en directe per televisió els errors continus que van posar en dubte la validesa del sorteig dels grups per a la fase final del XII Campionat Mundial de futbol.

TORNEIG DE WIMBLEDON

4 de juliol
En tennis, Jimmy Connors i Martina Navratilova, tots dos d'Estats Units, guanyen les respectives finals del torneig de Wimbledon.

FUTBOL

La Reial Societat, campiona de Lliga (temporada 81-82). El segon títol de Lliga consecutiu és també el segon de la seva història.

•

El Reial Madrid, campió de la Copa del Rei.

•

El FC Barcelona guanya la segona Recopa d'Europa davant l'Standard de Lieja per 2-1. Aquest èxit esportiu es produeix només unes setmanes abans dels fitxatge del *crack* argentí Diego Armando Maradona, conegut com "el Pelusa".

TOUR DE FRANÇA

El francès Bernard Hinault, guanyador per quarta vegada consecutiva.

MOTOCICLISME

L'espanyol Ángel Nieto es torna a proclamar campió del món en la categoria de 125 cc.

BÀSQUET SENSACIONAL

El Reial Madrid guanya el títol de campió de la Lliga de basquetbol.

•

Espanya guanya Estats Units en el torneig Mundo-Basket-82.

Laberinto de pasiones

Nova pel·lícula de Pedro Almodóvar

Poltergeist

Una història de fenòmens paranormals de Steven Spielberg

El britànic Ridley Scott filma *Blade Runner*

Cartellera

EN EL ESTANQUE DORADO

•

A LA RECERCA DE L'ARCA PERDUDA

•

LA LOCA HISTORIA DEL MUNDO

•

E.T. L'EXTRATERRESTRE

•

CONAN, EL BÁRBARO

•

LA COLMENA

•

TOOTSIE

•

VÍCTOR O VICTÒRIA

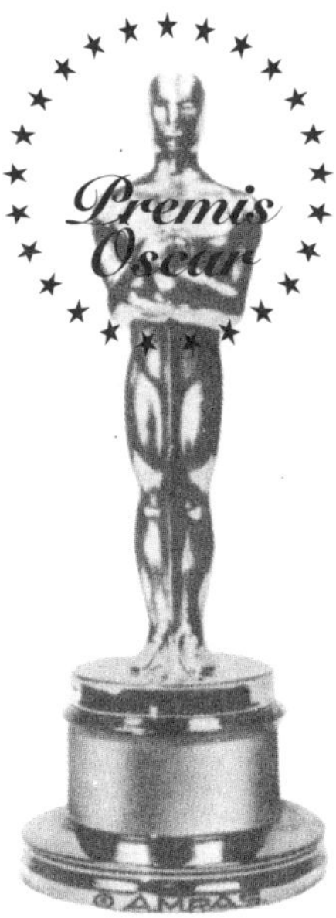

Millor pel·lícula
GANDHI

Millor director
Richard Attenborough
GANDHI

Millor actor
Ben Kingsley
GANDHI

Millor actriu
Meryl Streep
LA DECISIÓN DE SOPHIE

OSCAR PER A UNA PEL·LÍCULA ESPANYOLA

La pel·lícula de José Luís Garci *Volver a empezar* guanya l'Oscar de Hollywood a la millor pel·lícula estrangera.

FESTIVAL DE BERLÍN

Rainer Fassbinder obté l'Ós d'Or per la pel·lícula *La nostalgia de Veronica Voss.*

TEATRE

A la sala Villarroel de Barcelona s'escenifica l'obra escrita por Dario Fo, *Tenía dos pistolas con los ojos blancos y negros.*

CARTA NEVADA

RÀDIO BARCELONA

"Lo toma o lo deja", concurs dirigit per Jordi Hurtado.

"Café, Copa y Puro" programa de sobretaula dedicat als temes d'actualitat, realitzat per Josep Cuní.

D'ARTACAN Y LOS TRES MOSQUEPERROS

Una original adaptació de la clàssica obra d'Alexandre Dumas, *Els tres mosqueters*, pensada per al públic infantil. Dibuixos animats que fan les delícies dels més petits, i en què tots els personatges són animals.

RÀDIO

La Generalitat de Catalunya concedeix unes 40 llicències d'emissió.

El concurs realitzat per Chicho Ibáñez Serrador i presentat per Mayra Gómez-Kemp, que comptava amb la presència de les germanes Hurtado.

Programes

DINASTÍA
L'actriu Joan Collins interpreta el paper protagonista, la intrigant Alexis.

•

EL LIBRO GORDO DE PETETE

•

BARRIO SÉSAMO,
amb Espinete com a presentador.

•

EL LOCO MUNDO DE LOS PAYASOS,
amb Gaby, Miliki i Fofito.

•

LA ABEJA MAYA,
sèrie de dibuixos animats.

•

BUENAS NOCHES,
presentat per Mercedes Milà.

EL PAIS

DIRECTOR: JUAN LUIS CEBRIAN — DIARIO INDEPENDIENTE DE LA MAÑANA — MADRID, SABADO 3 DE ABRIL DE 1982

Redacción, Administración y Talleres: Miguel Yuste, 40 / Madrid-17 / Teléfono 754 38 00 / Precio: 30 pesetas. Con suplemento semanal: 40 pesetas / Año VII. Número 1.836

AP — UPI

La primera ministra británica abandona su residencia tras finalizar la primera reunión de urgencia para analizar la invasión de las Malvinas. A la derecha, la plaza de Mayo, de Buenos Aires, que fue ayer escenario de una gigantesca manifestación de apoyo al Gobierno argentino.

El presidente de Estados Unidos, Ronald Reagan, pide a Buenos Aires la retirada de las tropas

La Junta Militar argentina se apodera por la fuerza de las islas Malvinas, colonia británica

La Junta Militar argentina anunció ayer oficialmente que sus fuerzas armadas se apoderaron en la madrugada de ayer de las islas Malvinas —Falkland, según los británicos— para "reincorporarlas al patrimonio nacional", y precisó que el archipiélago, situado a ochocientos kilómetros de la costa, se encontraba bajo soberanía argentina, informa José Luis Alvarez Fermosel **desde Buenos Aires. El general Mario Benjamín Menéndez es el nuevo gobernador de las islas.**

En Londres, el director de la Oficina de las islas Malvinas —colonia británica desde 1833— y el secretario del Foreign Office, lord Carrington, confirmaron tardiamente ayer que las fuerzas argentinas controlaban totalmente Port Stanley —Puerto Soledad para los argentinos—, capital del archipielago, al tiempo que se anunciaba la ruptura de relaciones diplomáticas entre el Reino Unido y Argentina, señala **Andrés Ortega** desde la capital británica.

El presidente de Estados Unidos, que conversó ayer durante veinticinco minutos con el presidente argentino, general Galtieri, pidió a Buenos Aires que retire a sus tropas de las Malvinas.

El Consejo de Seguridad de las Naciones Unidas renunció ayer a discutir del tema nicaragüense para tratar, en cambio, a puerta cerrada, la decisión argentina de invadir el archipiélago.

En Bruselas, la Organización del Tratado del Atlántico Norte (OTAN) celebró ayer una reunión extraordinaria a petición británica, al término de la cual el Consejo del Atlántico Norte expresó su "profunda preocupación" por lo sucedido. El representante británico, sir John Graham, reconoció ante la instancia atlántica que su país "había perdido temporalmente el control militar de las islas Falkland". La Comunidad Económica Europea (CEE) "condenó" a Buenos Aires y le pidió que retire sus tropas.

A las tres de la madrugada de ayer —hora de Madrid— tropas de elite de la Marina argentina desembarcaron en las Malvinas, "logrando controlar todos los objetivos fijados" —la capital, el aeropuerto y el cuartel de los Royal Marines, único lugar donde se produjo cierta resistencia—, resultando muerto un oficial de la Armada argentina.

El presidente argentino justific[...] ayer, en un mensaje televisado, [...] invasión por "la necesidad de acabar con la interminable sucesión [...] dilatorias utilizadas [...]

España, por la des[...]

El Gobierno español se dec[...] ayer favorable a la descolon[...] ción del archipiélago de las M[...] nas, en una declaración oficia[...] mulada tras la reunión del C[...] jo de Ministros. El Gabinete [...] Sotelo pide en la declarac[...] restablecimiento de la int[...] territorial argentina con la[...]

Juicio del 23-F

"Milans se negó a cumplir mis órdenes", declara el teniente general Gabeiras

El teniente general Gabeiras declaró ayer, en la vigésimo sexta sesión de la vista contra los 33 procesados por el intento de golpe de Estado del 23 de febrero, que ese día Milans se negó reiteradamente a cumplir las órdenes que él le dio.

En la declaración del ex jefe del Estado Mayor del Ejército, la primera de la que han de prestar los 69 testigos citados, se produjeron reiteradas referencias al papel desempeñado por el general Armada entre los días 23 y 24 de febrero. Gabeiras afirmó que en esas horas la actuación de su subordinado fue correcta y disciplinada. "No capté", dijo, "nada en su actuación que pudiera interpretarse como ayuda a los supuestos rebeldes".

Sin embargo, matizó que la propuesta que le hizo Armada al ofrecerse a presidir un Gobierno de coalición le pareció inaceptable porque era anticonstitucional, "ya que", añadió, "proponerle al Congreso, coaccionado por las armas, que formara Gobierno iba contra la Constitución". Declaró que el presidente de la JUJEM desautorizó la propuesta de Armada de proponerse al Congreso para presidir un Gobierno de concentración.

Páginas 13 a 16

No habrá huelga de pilotos en Semana Santa

Los pilotos españoles de líneas aéreas no harán huelga de celo —no aplicarán un denominado *Plan Omega*— durante Semana Santa.

El Sindicato Español de Pilotos de Líneas Aéreas (SEPLA) adoptó esta decisión ayer, tras recibir de la Administración garantías de que en breve se reordenarán sus competencias profesionales.

El *Plan Omega*, que exige una actitud responsable del piloto ante posibles deficiencias aeroportuarias, hubiera provocado numerosos retrasos e, incluso, suspensiones de

Silk Cut.
Bajo en alquitrán. Bajo en nicot[...]

Su sabor no hay quien se lo[...]

ABC

MADRID, VIERNES, 14 DE MAYO DE 1982

Juan Pablo II ce[lebró] en Fátima el 13 d[e may]

[...]rdecedor concierto [...]inas en Varsovia

[...]da Polonia [...]ma por liberación Walesa

Al cumplir los setenta y cinco años de edad

Hoy presenta su dimisión al Papa el cardenal Tarancón

El paro se elevaría al 16 por 100

La OCDE prevé para España un inflación del 13,25 en 1982

Enllaços

PRINCESA MARIA ASTRID DE LUXEMBURG — ARXIDUC CARLOS CHRISTIAN DE AUSTRIA

PRINCESA MARGARIDA DE LUXEMBURG — PRÍNCEP NICOLAU DE LIECHTENSTEIN

CAMPANYA DE NETEJA A BARCELONA

Al juliol s'inicia la campanya de neteja de les façanes de Barcelona.

EL PAÍS

6 d'octubre

Apareix l'edició catalana del diari *El País,* que compta amb una redacció de 38 periodistes dirigits per Antonio Franco.

PREMIS I GUARDONS

L'espanyol Luis Rosales obté el Premi Cervantes.

•

El Premi Nadal és per a Fernando Arrabal i la novel·la *La torre herida por el rayo.*

•

Jesús Fernández Santos obté el Premi Planeta de novel·la amb *Jaque a la dama.*

•

L'escriptor Camilo José Cela rep de mans del rei Joan Carles el títol de *Carter honorari.*

Mor la musa de Dalí

A Port-lligat (Girona) mor Gal·la, l'eterna companya del pintor universal Salvador Dalí. el seu nom real era Elena Dmitrovnie Diakonova.

JOGUINES QUE DIVERTEIXEN ELS NENS AQUESTA DÈCADA

1. Autocross 5 velocitats. 2. Control aeri.
3. Laberint Congost. 4. Moto rally. 5. Passa bola.

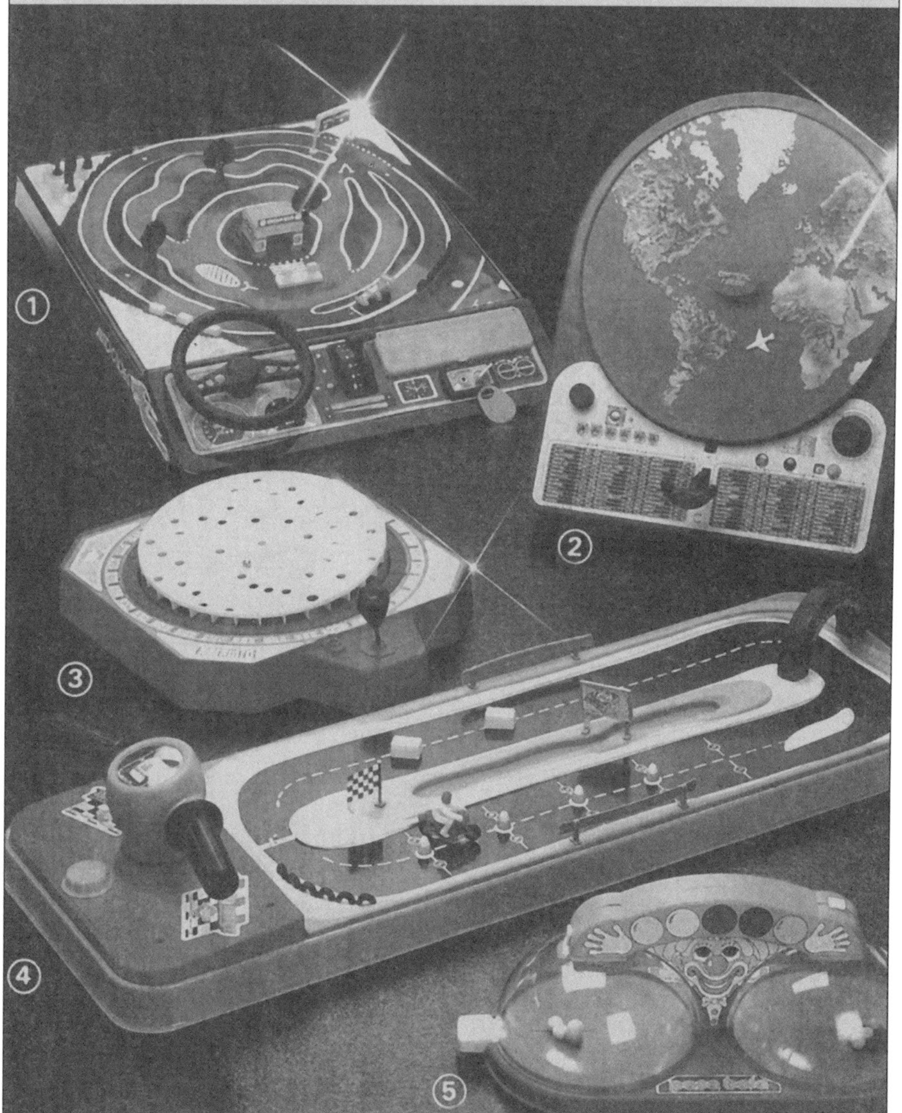

TEMPORADA TARDOR-HIVERN

Els colors dominants són el negre i els tons tardorencs: marrons, teula, verds secs, grisos... També són presents alguns tocs vermells. Les ratlles amb mescla de diferents tons esdevenen el *boom* de la moda espanyola. Com a complements, una marcada tendència pels ornaments daurats en forma de rivets, de borles o de cinturons.

Es prohibeix la venda de tabac als menors de 16 anys

NEIX EL PRIMOGÈNIT DELS PRÍNCEPS DE GAL·LES

El 21 de juny neix a Londres el primer fill dels prínceps Carles i Diana.

TRIVIAL PURSUIT

Surt al mercat el popular joc de preguntes inventat per tres joves canadencs.

TEMPORADA PRIMAVERA-ESTIU

La moda s'impregna d'optimisme i d'alegria. Els colls blancs, com cignes, atorguen un toc molt primaveral als conjunts. Els vestits confeccionats pels sastres destaquen per la bellesa de les noves proporcions i s'acompanyen de boniques bruses de llenceria. La nit s'envolta de randes i volants, i amb la claredat dels colors suaus.

Escala d'èxits

40 PRINCIPALES

On my own	NIKKA COSTA
One of us	ABBA
Me colé en una fiesta	MECANO
Ebony and ivory	PAUL McCARTNEY & STEVIE WONDER
Thriller	MICHAEL JACKSON
Bailando	ALASKA Y LOS PEGAMOIDES
More than this	ROXY MUSIC
Just an illusion	IMAGINATION
Felicidad	AL BANO I ROMINA POWER
Eye of the tiger	SURVIVOR
It's raining again	SUPERTRAMP

DECEPCIÓ DE L'ARIANNE

Fracassa el primer llançament comercial del coet europeu *Arianne*.

LA SALYUT 7 BAT EL RÈCORD

Després de 211 dies en òrbita al voltant de la Terra, torna la nau espacial soviètica *Salyut 7*, la que fins ara ha estat més temps a l'espai.

JAPÓ

S'inaugura el túnel ferroviari de Daishimizu, el més llarg del món amb 22.228 metres de longitud, que uneix les ciutats d'Omiya i Niigata.

El 3 d'abril realitza el primer vol l'Airbus 310, segon model de la família Airbus.

SERVEI DE TELETEXT

Comença a funcionar de manera experimental el servei de teletext.

MINITELE

La companyia japonesa Sony llança al mercat un televisor amb una pantalla de només 5 cm.

DESCOBRIMENTS I AVENÇOS TECNOLÒGICS

1982

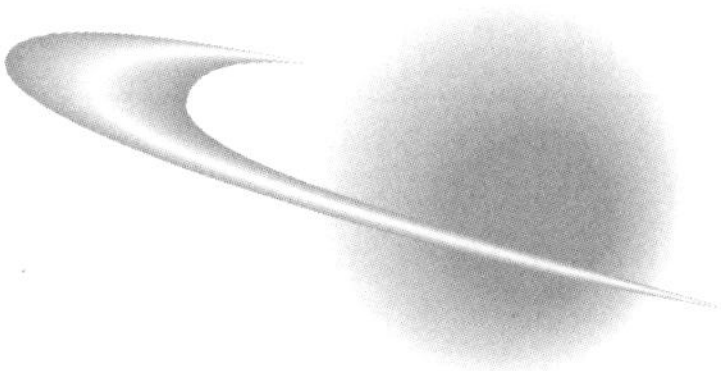

PRIMER PORTÀTIL COMPATIBLE

La companyia COMPAQ crea, amb la multinacional IBM, el primer ordinador portàtil compatible.

FOTOS DE VENUS

Arriben a la Terra les primeres fotografies en color del planeta Venus, obtingudes per les sondes espacials soviètiques *Venera 13* i *Venera 14*.

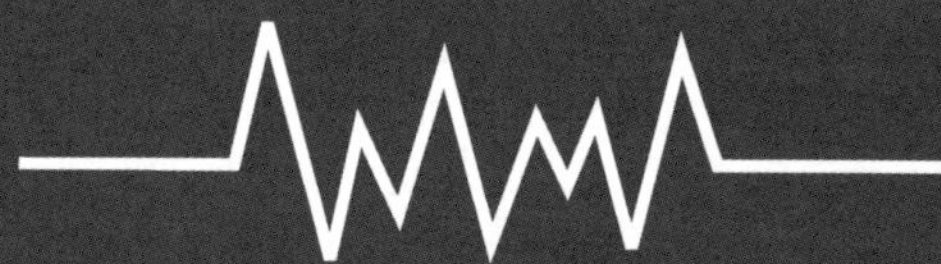

Es crea la tomografia de ressonància magnètica nuclear, un nou mètode d'exploració clínica.

Medicina i salut

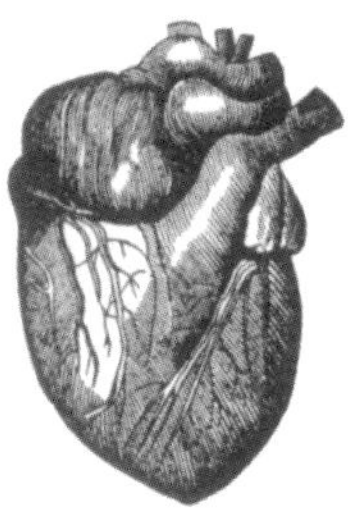

2 de desembre
Al Centre Mèdic de la Universitat de Utah (Estats Units) s'implanta a un ésser humà el primer cor artificial fet de polietà i alumini. El receptor és Barney Clarke, de 61 anys.

XIFRES I NOMS
1982

Preus

Un diari: 30 ptes
Torró de xocolata, rajola de 300 gr: 208 ptes
Sofà de tres places: 35.995 ptes
Rentadora roba multiprogrames: 25.900 ptes
Ampolla d'Anís del Mono: 298 ptes
Bufet lliure en restaurant de luxe: 1.250 ptes
Tocadiscos automàtic estèreo: 19.900 ptes
Un cafè: 15 ptes
Un esmorzar complet: 35 ptes
Un refresc: 20 ptes

VENDA DE PISOS:

COSTA DEL SOL, xalet senyorial en primera línia de mar, 4 hab., 2 places de pàrquing, 2.850.000 ptes
Entrada, 590.000 ptes

PIS CÈNTRIC (MADRID), 3 hab., menjador, cuina, bany, ascensor, 2.150.000 ptes

Gener 1982

Dll	Dm	Dc	Dj	Dv	Dss	Dg
				1	2	3
4	5	6	7	8	9	10
11	12	13	14	15	16	17
18	19	20	21	22	23	24
25	26	27	28	29	30	31

Febrer 1982

Dll	Dm	Dc	Dj	Dv	Dss	Dg
1	2	3	4	5	6	7
8	9	10	11	12	13	14
15	16	17	18	19	20	21
22	23	24	25	26	27	28

Març 1982

Dll	Dm	Dc	Dj	Dv	Dss	Dg
1	2	3	4	5	6	7
8	9	10	11	12	13	14
15	16	17	18	19	20	21
22	23	24	25	26	27	28
29	30	31				

Abril 1982

Dll	Dm	Dc	Dj	Dv	Dss	Dg
			1	2	3	4
5	6	7	8	9	10	11
12	13	14	15	16	17	18
19	20	21	22	23	24	25
26	27	28	29	30		

Maig 1982

Dll	Dm	Dc	Dj	Dv	Dss	Dg
					1	2
3	4	5	6	7	8	9
10	11	12	13	14	15	16
17	18	19	20	21	22	23
24	25	26	27	28	29	30
31						

Juny 1982

Dll	Dm	Dc	Dj	Dv	Dss	Dg
	1	2	3	4	5	6
7	8	9	10	11	12	13
14	15	16	17	18	19	20
21	22	23	24	25	26	27
28	29	30				

Juliol 1982

Dll	Dm	Dc	Dj	Dv	Dss	Dg
			1	2	3	4
5	6	7	8	9	10	11
12	13	14	15	16	17	18
19	20	21	22	23	24	25
26	27	28	29	30	31	

Agost 1982

Dll	Dm	Dc	Dj	Dv	Dss	Dg
						1
2	3	4	5	6	7	8
9	10	11	12	13	14	15
16	17	18	19	20	21	22
23	24	25	26	27	28	29
30	31					

Setembre 1982

Dll	Dm	Dc	Dj	Dv	Dss	Dg
		1	2	3	4	5
6	7	8	9	10	11	12
13	14	15	16	17	18	19
20	21	22	23	24	25	26
27	28	29	30			

Octubre 1982

Dll	Dm	Dc	Dj	Dv	Dss	Dg
				1	2	3
4	5	6	7	8	9	10
11	12	13	14	15	16	17
18	19	20	21	22	23	24
25	26	27	28	29	30	31

Novembre 1982

Dll	Dm	Dc	Dj	Dv	Dss	Dg
1	2	3	4	5	6	7
8	9	10	11	12	13	14
15	16	17	18	19	20	21
22	23	24	25	26	27	28
29	30					

Desembre 1982

Dll	Dm	Dc	Dj	Dv	Dss	Dg
		1	2	3	4	5
6	7	8	9	10	11	12
13	14	15	16	17	18	19
20	21	22	23	24	25	26
27	28	29	30	31		

1982

Personatges públics

Alemanya:	Helmut Schmidt / Helmut Kohl (RFA)
Espanya:	Felipe González
EUA:	Ronald Reagan
França:	François Mitterrand
Gran Bretanya:	Margaret Thatcher
Itàlia:	Amintore Fanfani
URSS:	Leònides Breznev
El Vaticà:	Papa Joan Pau II (Karol Wojtyla)

Premis Nobel

Medicina:	Sune K. Bergström, Bengt I. Samuelsson (Suècia) i John R. Vane (Gran Bretanya)
Física:	Kenneth G. Wilson (EUA)
Literatura:	Gabriel García Márquez (Colòmbia)
Pau:	Alva Myrdal (Suècia) i Alfonso García Robles (Mèxic)
Química:	Aaron Klug (Gran Bretanya)
Economia:	George J. Stiegler (Gran Bretanya)

Població

Habitants

Catalunya
5.975.085

Espanya
37.943.702

Matrimonis

Catalunya
26.053

Espanya
193.319

Naixements

Catalunya
Homes: 34.896
Dones: 32.195

Espanya
Homes: 268.639
Dones: 247.067

Defuncions

Catalunya
Homes: 21.171
Dones: 19.204

Espanya
Homes: 151.048
Dones: 135.607

UN NAIXEMENT MOLT ESPECIAL 1982

Un naixement molt ESPECIAL: EL TEU

....

....

....

....

....

....

ALGUNES DEFUNCIONS 1982

12 d'agost
HENRY FONDA
actor nord-americà
(n. 1905)

•

20 d'agost
INGRID BERGMAN
actriu sueca
(n. 1915)

•

29 de maig
ROMY SCHNEIDER
actriu austríaca
(n. 1938)

26 de febrer
PACO MARTÍNEZ SORIA
actor còmic espanyol
(n. 1903)

•

10 de novembre
LEÒNIDES BREZNEV
cap d'estat soviètic
(n. 1906)

•

16 de gener
RAMON J. SENDER
escriptor
(n. 1902)

L'increment de mitjans clàssics de publicitat de la dècada anterior provoca que augmenti la publicitat de marques.

Aquesta forta competència fa que els fabricants i les empreses de serveis hagin de buscar noves fórmules de promoció per als seus productes i noves vies de comunicació amb els consumidors que els permetin resultats ràpids i eficaços.

LA PUBLICITAT TRADICIONAL PREDOMINA PER DAMUNT DE LA PROMOCIONAL

Tot i que alguns publicistes asseguren que ja no és correcte destinar la meitat del pressupost a publicitat tradicional i l'altra meitat a publicitat promocional, en aquesta dècada la publicitat tradicional és encara molt rellevant per a les grans empreses.

1982

CANADÀ

15 de febrer

Una violenta tempesta davant les costes de Terranova fa sotsobrar una plataforma petroliera i causa la mort a 84 persones.

ÍNDIA

25 de desembre

Un cicló arrasa l'oest de l'Índia. 442 persones moren i 100.000 habitatges són destruïts.

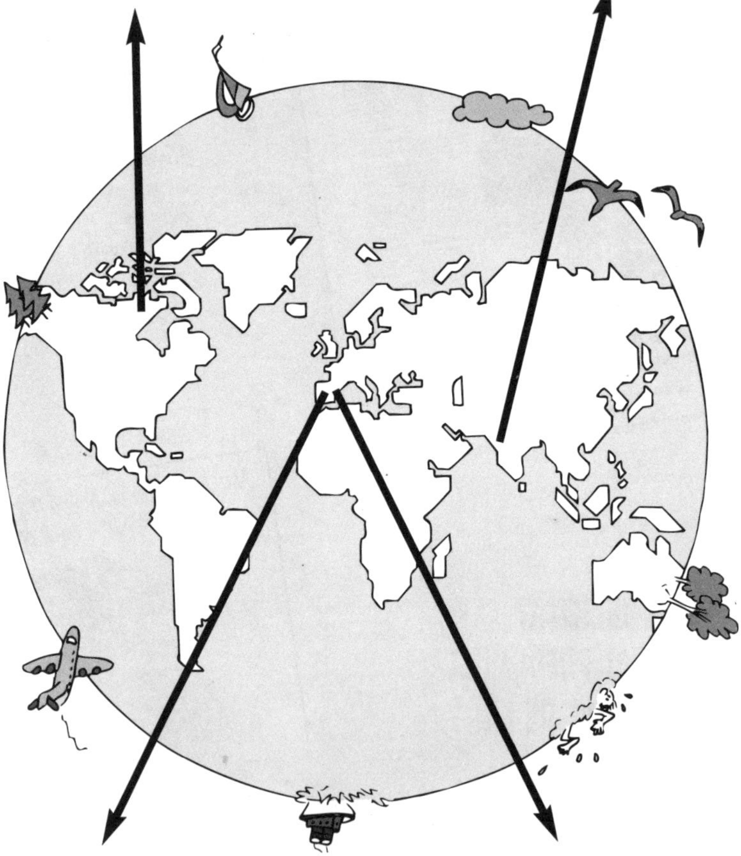

ESPANYA

21 d'octubre

Las pluges torrencials que cauen a la Comunitat Valenciana, agreujades pel trencament de la presa de Tous i pel desbordament dels canals de l'Albufera, provoquen unes catastròfiques inundacions que deixen un balanç de 38 morts i 300.000 persones sense llar.

CATALUNYA

7 de novembre

Forts temporals de pluja i vent al nord de Catalunya provoquen greus pèrdues materials.